BEI GRIN MACHT SICH WISSEN BEZAHLT

- Wir veröffentlichen Ihre Hausarbeit, Bachelor- und Masterarbeit

- Ihr eigenes eBook und Buch - weltweit in allen wichtigen Shops

- Verdienen Sie an jedem Verkauf

Jetzt bei www.GRIN.com hochladen und kostenlos publizieren

Bibliografische Information der Deutschen Nationalbibliothek:

Die Deutsche Bibliothek verzeichnet diese Publikation in der Deutschen National-
bibliografie; detaillierte bibliografische Daten sind im Internet über http://dnb.d-
nb.de/ abrufbar.

Impressum:

Copyright © 2017 GRIN Verlag, Open Publishing GmbH
Druck und Bindung: Books on Demand GmbH, Norderstedt Germany
ISBN: 9783668541726

Dieses Buch bei GRIN:

http://www.grin.com/de/e-book/372030/transformation-der-musikindustrie-auf-
grund-des-digitalen-wandels

Sebastian Schulze

Transformation der Musikindustrie aufgrund des digitalen Wandels

GRIN Verlag

GRIN - Your knowledge has value

Der GRIN Verlag publiziert seit 1998 wissenschaftliche Arbeiten von Studenten, Hochschullehrern und anderen Akademikern als eBook und gedrucktes Buch. Die Verlagswebsite www.grin.com ist die ideale Plattform zur Veröffentlichung von Hausarbeiten, Abschlussarbeiten, wissenschaftlichen Aufsätzen, Dissertationen und Fachbüchern.

Besuchen Sie uns im Internet:

http://www.grin.com/

http://www.facebook.com/grincom

http://www.twitter.com/grin_com

Change Management

Thema:

„Transformation der Musikindustrie aufgrund des digitalen Wandels"

Verfasser: Sebastian Schulze

24. Mai 2017

FOM Hochschule für Oekonomie & Management

Studiengang: Betriebswirtschaft und Wirtschaftspsychologie

Thema der Facharbeit: Transformation der Musikindustrie aufgrund des
                          digitalen Wandels.

Verfasser/in: Sebastian Schulze

Abstract

Die vorliegende Arbeit beschäftigt sich mit dem digitalen Wandel und der daraus resultierenden wirtschaftlichen, aber auch organisatorischen Transformation am Beispiel der Musikindustrie. Es wird erläutert, was unter dem Begriff digitaler Wandel oder auch Digitalisierung generell zu verstehen ist und welche schwerwiegenden Folgen ein extremer Wandel bzw. eine sogenannte Disruption mit sich bringt.

Bezogen auf die Musikindustrie und damit besonders interessant für alle in dieser Branche arbeitenden Personen, gilt es auf der einen Seite zu klären welche Vorteile, aber auch welche Nachteile, der besagte Wandel mit sich gebracht hat und auf welche Herausforderungen sich der besagte Industriezweig in den kommenden Jahren einzustellen hat. Hierzu wird sowohl Literatur heran gezogen, als auch ein Experteninterview mit einem bekannten Musiker und Label-Inhaber geführt, wodurch ein hohes Maß an qualitativ hochwertigen Informationen geliefert werden kann.

Im Ergebnis wird deutlich, welchen extremen Wandel diese Industrie bereits durchlebt hat, wie darüber hinaus disruptiv ein neuer Markt entstanden ist und inwiefern sich die Arbeitsweise innerhalb der Branche angepasst und verändert hat, um einerseits präsent zu bleiben und andererseits die Potenziale der Transformation für das eigene wirtschaftliche Wachstum positiv zu nutzen. Darüber hinaus werden bereits heute spürbare Zukunftsvisionen verdeutlicht und diskutiert.

Abbildungsverzeichnis

Inhaltsverzeichnis

Titelblatt

Abstract

Abbildungsverzeichnis

Inhaltsverzeichnis

Literaturverzeichnis

1. Einführung

„Banking is essential, banks are not." (Gates, 2008).

Dieser Satz von Microsoft Gründer Bill Gates aus dem Jahr 2008, stellt wohl eines der aussagekräftigsten Zitate in Bezug auf den digitalen Wandel der letzten Jahre dar. Das Zitat betont auf der einen Seite die Notwendigkeit und Unentbehrlichkeit aller Finanzgeschäfte in Form von Kreditgeschäften, Effektengeschäften und sonstigen Geschäften, stellt jedoch auf der anderen Seite deutlich heraus, dass die klassischen Banken an sich in Zukunft hierzu keineswegs benötigt werden und in jedem Fall ersetzbar sind. Die Qualität dieser Aussage durch den Microsoft Gründer, welcher in Fachkreisen als wohl einer der größten digitalen Visionäre unserer Zeit gilt, wagen die wenigsten Experten in Frage zu stellen.

Dieses Zitat verdeutlicht die radikale und allgegenwertige Veränderung in Bezug auf den Bankensektor, verursacht durch die Digitalisierung, denn diese transformiert und optimiert nicht nur einzelne, kleine Geschäftszweige und Prozesse, sondern lässt sich in vielen Bereichen sogar als Disruption interpretieren. Eine Disruption stellt nicht etwa eine einfache und für jedes Unternehmen unabdingbare Innovation in Form einer Neuerung deren Produkte oder Dienstleistung dar. Disruption sorgt dafür, dass komplette Märkte und jahrzehntelang bestehende Geschäftsmodelle, durch eine stark wachsende Innovation wie eben die der Digitalisierung aufgrund des technologischen Fortschrittes, nicht nur abgelöst, sondern regelrecht zerstört und durch neue Märkte ersetzt werden (Keese, 2016).

Gerade Branchen aus dem Dienstleistungsbereich sind allgegenwärtige Sektoren, in welchen der digitale Wandel und vor allem disruptiver digitaler Wandel in den letzten Jahren für ein Hervorspringen komplett neuer Märkte gesorgt hat. Als gutes Beispiel hierfür, lassen sich Finanztechnologien bzw. modern gesprochene FinTechs wie PayPal aufzeigen, welche sich die Umgestaltung und Verbesserung von klassischen Service Leistungen zur Brust genommen haben. Besonders aus der Startup-Szene entstehen immer mehr solcher FinTechs, welche es verstehen, Konzepte von Universalbanken

1

und Versicherungskonzernen aufzugreifen, digital zu optimieren und dem Endkunden somit einen entscheidenden Mehrwert zu bieten (Tiberius & Rasche, 2017).

Auch die in dieser Arbeit betrachtete Musikindustrie, stellt sich seit Jahren einem vor allem disruptiven digitalen Wandel, hat mittlerweile jedoch größtenteils erkannt, diesen als wirtschaftliche und unternehmerische Chance wahrzunehmen. „Noch nie in der Geschichte wurde so viel Geld mit Musik verdient wie heute. Doch auch noch nie war der Anteil von Musikern und Labels daran so gering wie heute." (Keese und Drücke, 2016). Florian Drücke vom Bundesverband der Musikindustrie beschreibt mit diesem Zitat deutlich, welchen wirtschaftlichen Stellenwert diese Industrie in der heutigen Zeit mit sich bringt. Auf der einen Seite hat die Branche ein deutliches Umsatzwachstum erlebt, auf der anderen Seite möchten immer mehr Organisationen etwas vom Kuchen ab haben. „Zwischen dem Erlösbeitrag von Herstellern und Plattformen klafft eine Wertlücke.", beschreibt Drücke weiter.

Was genau die Digitalisierung verkörpert und wie eine sogenannte Disruption zu verstehen ist, wird im Folgenden behandelt. Das eigene methodische Vorgehen der Untersuchung in Form eines Experteninterviews wird erläutert und Ergebnisse aus diesem werden zu konkreten Handlungsempfehlungen für die angesprochene Branche führen.

2. Theorie

2.1. Digitalisierung

Eine klare, deutliche oder aussagekräftige Begrifflichkeit für die Digitalisierung wurde bisher weder in der praktischen, noch in der theoretischen Wirtschaftsinformatik aufgestellt. Vielmehr beinhaltet die Digitalisierung mehrere Bedeutungen, mit welchen in verschiedenen Branchen und Bereichen unterschiedlich umgegangen wird. Auch in der Literatur lassen sich verschiedenste Quellen zur Begrifflichkeit finden, aus welchen sich jedoch ebenfalls keine genaue Definition erschließen lässt.

Keuper (2013) beispielsweise bezeichnet den Begriff als eine Art Hype, welcher zwar mehr darstellt als lediglich die Transformation von analogen zu digitalen Prozessen, es jedoch für diesen bisher keine gleichmäßige Bedeutung gibt. Eine etwas andere Beschreibung findet Gartner (2014), welcher die Digitalisierung als Zusatzstrategie bezeichnet, um bestehende Unternehmensstrategien und Modelle zu ergänzen und mit weiteren innovativen Strategien wie Mobile Kommunikation, E-Commerce oder Multichannel-Networking gleichzusetzen ist. In vielen Quellen wird somit mehr die Auswirkung der Digitalisierung auf die Unternehmensziele und Prozesse dargestellt, als eine eindeutige Definition dieser gefunden.

Auch Jahn und Pfeiffer (2014) gehen bei ihrer Definition mehr auf die strategische Ausrichtung der Digitalisierung ein. Zwar beschreiben Sie den Begriff auf der einen Seite mit der Nutzung von Twitter, Facebook und Instagram als soziale Kanäle, jedoch nennen sie auf der anderen Seite drei Kernpunkte, welche sich auf die strategische Organisation konzentrieren. Diese drei Kernpunkte, stellen die strategische Ausrichtung des Geschäftsmodelles, die Nutzung neuer Wachstumschancen und die Notwendigkeit des kulturellen Wandels dar und sollen laut Jahn und Pfeiffer verdeutlichen, dass die Digitalisierung nicht nur als Kanal zur Kommunikation oder als Marketinginstrument verstanden werden sollte, sondern vielmehr als eigenes Marktpotenzial gesehen werden muss.

Darüber hinaus beschreiben Jahn und Pfeiffer anhand eines Modelles die Methoden der digitalen Weiterentwicklung und der damit verbundenen Optimierungspotenziale von Geschäftsmodellen aufgrund der Digitalisierung.

Abb. 1. Die drei Stufen der digitalen Weiterentwicklung
(Jahn und Pfeiffer, 2014)

Auf der ersten Stufe wird Digitalisierung hierbei vom Management lediglich als zusätzlicher Kommunikationskanal betrachtet um konkurrenzfähig zu bleiben. Auf der zweiten Stufe wird erkannt, dass das Modell der Digitalisierung zum Return-On-Investment (ROI) beiträgt und somit ebenfalls als Unternehmensrendite messbar gemacht werden kann. Die dritte und letzte Stufe wird von Jahn und Pfeiffer als Erfolgsquelle für neue Geschäftsmodelle beschrieben, da diese Handhabung die Digitalisierung in Bezug auf Wettbewerb, Wachstum und Innovation am zielführendsten einsetzt.

4

2.2. Disruption

Dass der digitale Wandel Optimierungspotenziale und somit einen Mehrwert für den Kunden mit sich bringt, wodurch neue Geschäftsmodelle oder sogar Unternehmen entstehen, ist bekannt. Im letzten Jahrzehnt hat die Digitalisierung jedoch nicht nur einzelne Unternehmensprozesse oder Geschäftsmodelle optimiert, sondern dafür gesorgt, dass alte Märkte kollabiert und neue Märkte hervorgesprungen sind (Keese, 2016).

Dieser Vorgang, in welchem alte Märkte durch neue Märkte ersetzt werden, wird als Disruption bezeichnet, wobei dieses aus dem englischen Wort „disrupt" („zerstören") abgeleitet wird. Eine Disruption ist mit einer radikalen Innovation vergleichbar und vor allem die Digitalisierung stellte für einige Branchen, solch eine disruptive Innovation dar.

Das nach Jenner (2016) wohl ausschlaggebendste Praxisbeispiel einer Disruption, stellt die Entstehung von Video-On-Demand Plattformen wie Netflix, Amazon oder Maxdome dar. Klassische Videotheken sterben, bzw. sind bereits ausgestorben. Der amerikanische und börsennotierte Videothekenriese „Blockbuster" beispielsweise ist seit 2010 insolvent und auch hier gilt die Digitalisierung als disruptive Innovation und somit als Auslöser, denn diese ermöglichte das kostengünstigere und bequemere Video-Streaming aufgrund von Breitband-Internet und netzwerkfähigen Endgeräten.

Am Beispiel Amazon ist jedoch nicht nur der disruptive Eingriff in die Videothekenmärkte zu erwähnen, denn auch die klassischen Einzelhändler erfahren mit den Nicht-Medien Produkten von Amazon einen immer stärkeren Konkurrenten, wodurch größere Teile des Einzelhandels in den E-Commerce Bereich abwandern, wenn diese es nicht schon bereits sind (Göbel, 2015). Gerade in diesem Bereich hat die Digitalisierung durch eine rund um die Uhr Verfügbarkeit der Artikel, gute und kreative Produktplatzierungen und durch enorme

Preissenkungen aufgrund geringerer Personalkosten einen entscheidenden Mehrwert für den Kunden geschaffen. Folglich drohen der Einzelhandel und die Innenstädte in Zukunft auszusterben.

Auch in der Musikindustrie, welche in dieser Arbeite näher betrachtet wird, spielt Disruption aufgrund des digitalen Wandels eine große Rolle. Klassische Vinyl Platten als physischer Musikträger wurden durch moderne Streaming- oder Download-Plattformen weitestgehend ersetzt, denn auch hier bieten Faktoren wie ständige Verfügbarkeit, die einfache Kaufabwicklung und attraktivere Preise dem Kunden einen Mehrwert und sorgen somit für eine komplette Transformation des Musikmarktes.

Doch wie genau findet eine solche Transformation der Musikindustrie aufgrund des digitalen Wandels statt? Mit dieser Forschungsfrage wird sich im Folgenden anhand eines Experteninterviews genauer beschäftigt und Ergebnisse und Handlungsempfehlungen werden vorgestellt.

3. Untersuchung

3.1. Methodisches Vorgehen

Das methodische Vorgehen orientiert sich an der eigentlichen Forschungsfrage, inwiefern eine Transformation der Musikindustrie aufgrund des digitalen Wandels stattgefunden hat oder noch stets stattfindet. Aus diesem Grund, wurde ein Interview mit dem Experten A. Reichow durchgeführt, welcher aufgrund seiner über 20 jährigen Erfahrung als international bekannter Musikproduzent und Discjockey über ein bereichsspezifisches Wissen und gute fachliche Kompetenzen verfügt (vgl. Transkription, S. 2, Zeile 2 - 7 & S. 3, Zeile 19 – S. 4, Zeile 5). Dieses fachliche Wissen über 10 Jahre, stellt das wesentliche Kriterium der Qualität eines Experten sicher (Mieg und Näf, 2005).

Die Durchführung des Experteninterviews fand am 21. April 2017 in Emmerich am Rhein statt, wobei die Dauer zu Beginn auf 20 Minuten anberaumt wurde, jedoch aufgrund des sehr interessanten Interviews und der sich im Laufe des Gespräches entwickelnden ergänzenden Fragen bei letztendlichen 38 Minuten lag.

Im Vorfeld des Interviews wurde ein semistrukturierter Interviewleitfaden gewählt, erstellt und dem Experten vorab zugesendet. Die Wahl dieser Interviewform ermöglicht dem Experten, eigene Antworten zu geben und seine Erfahrungsäußerungen somit nicht einzuschränken. Ebenfalls ermöglicht diese Form dem Interviewer auf Aussagen des Experten eingehen zu können, Rückfragen zu stellen und somit genauere Aussagen und Daten zu erzielen (Diekmann, 1995). Der Interviewleitfaden wurde darüberhinaus in drei Kategorien unterteilt, welche anhand der Expertenqualifikation, des Forschungsschwerpunktes und der Zukunftsaussicht gebildet wurden.

Die in der ersten Kategorie einleitenden Fragen, bezogen sich auf die Qualifikation und Erfahrungen des Experten, um diesen auch deutlich als qualifizierten Experten für das Interview kennzeichnen zu können.

Aus diesem Grund wurden Fragen zur Tätigkeitsdauer innerhalb der Musikbranche, sowie zu den bedeutendsten internationalen Auftritte und Veröffentlichungen gestellt. Die zweite Kategorie stellte, aufgrund der Fragen zum Forschungsschwerpunkt, die eigentliche Hauptkategorie dar. Es wurden Fragen zur Veränderung innerhalb der Arbeit als Musikproduzent und Discjockey aufgrund des digitalen Wandels gestellt und welche Vorteile und Nachteile hierdurch im Laufe dieses Wandels für den Experten selbst entstanden sind. Im darauf folgenden, zielten die Fragestellungen auf die Digitalisierung der Werbung innerhalb der Musikindustrie. Diese bezogen sich nicht nur auf die Veränderung der Werbung als Musiker, sondern ebenfalls auf diese als Musiklabel-Inhaber und dem damit verbundenen Wandel in Bezug auf die disruptive Innovation durch die neuen Streaming-Plattformen. Fortgesetzt wurde mit einer ergänzenden Fragestellung in Bezug auf digitale Transformation im Musikevent-Bereich und als abschließende Kategorie, wurde der Experte nach seiner Zukunftsprognose innerhalb der nächsten 5-10 Jahre befragt.

Die Audiospur des Experteninterviews wurde aufgezeichnet und das Gespräch transkribiert. Erstellt wurde die Transkription wortgetreu und nach einfachen Regeln. Hierbei wird die Abschrift durch Wegfall von Stottern, unwichtigen Einwürfen und Wiederholungen leicht geglättet, wodurch der Fokus auf den Inhalt gelenkt wird. Zeitgleich wird das wortwörtlich Gesagte jedoch nicht verändert (Dresing und Pehl, 2012).

Die durch das Experteninterview erhaltenen Daten, wurden anhand der freien Interpretation nach Gläser und Laudel (2010) ausgewertet. Durch eine freie Interpretation, steht der Inhalt des Gesagten im Mittelpunkt, wodurch das Datenmaterial auf die wichtigsten Aussagen reduziert wird. Das Interview wurde hierbei wiederholt gelesen und die wichtigen Aussagen in Bezug auf die Forschungsfrage wurden heraus gefiltert.

Zu Beginn beschreibt A. Reichow die Veränderung durch den digitalen Wandel in Bezug auf seinen Beruf als reisenden Künstler als positive Veränderung, welche die Aufgaben und Abwicklungen in seinem Alltag effektiver gestaltet. Dies ist zum einen der Austausch von wichtigen Dokumenten, welche vor der Digitalisierung per Fax oder Brief und nun zeitsparend per E-Mail versendet werden (vgl. Transkription, S. 4, Zeile 30 - 34). Zum anderen ist es die generelle Kommunikation mit Agenturen, Veranstaltern und Promotern über Skype, bzw. generell über die Kommunikationsprogramme per Internet (vgl. Transkription, S. 5, Zeile 2 - 10). Auch eine effektivere Organisation und Reiseplanung von Auftritten und Touren, nennt der Experte als Vorteile des digitalen Wandels, denn neue Apps auf seinem Smartphone, machen für ihn alle Daten der Reiseplanung, Hoteldetails, Flugzeiten und Buchungsverträge zu jeder Zeit abrufbar (vgl. Transkription, S. 6, Zeile 29 - 34). Im Vergleich zu früher, sind diese Informationen nun ständig verfügbar (vgl. Transkription, S. 6, Zeile 34 – S. 7, Zeile 5).

Eine weitere Vereinfachung aufgrund der Digitalisierung, in seinem Beruf als Musiker verdeutlichte A. Reichow anhand des Musikdemoversandes zu Beginn seiner Karriere. Gebrannte Tonträger des Originalwerkes wurden in dieser Zeit vorab notariell beglaubigt, um jeglichen Copyright Auseinandersetzungen vorzubeugen, versiegelt und an das entsprechende Musiklabel zur Einreichung versendet (vgl. Transkription, S. 7, Zeile 22-32). In der heutigen digitalen Zeit, geschieht dieser Prozess über verschlüsselte Sharing-Plattformen.

Abb. 2 Notarieller Brief für den Versand einer Musikdemo / Eigene Fotoaufnahme

Unter Punkt 2.2., wurde bereits ein disruptiver Eingriff in die Musikbranche aufgrund der digitalen Transformation in Form von Streaming Plattformen beschrieben. Der Experte stimmt diesem disruptiven Eingriff vor allem dahingehend zu, dass die „Produktionskosten einer Schallplatte natürlich wesentlich höher" sind, als diese der digitalen Vermarktung des gleichen Musiktitels, welcher lediglich auf die entsprechende Plattform hochgeladen werden muss (vgl. Transkription, S. 9, Zeile 13-16). Auch die Verkaufszahlen pro Titel einer Schallplatte, seien laut A. Reichow von der Zeit vor der Digitalisierung bis heute um fast 98% zurück gegangen, was die Disruption dieses Marktes mit einem Absatzrückgang von fast 100% gut verdeutlicht (vgl. Transkription, S. 14, Zeile 2-7). Bezugnehmend auf die Theorie der „Five Forces" nach Porter (2008), fand dieser Markt daher ein entsprechendes Ersatzprodukt, welches die gleiche Funktion besitzt, jedoch aufgrund der geringeren Produktionskosten und der ständigen Verfügbarkeit des Produktes die Nachfrage enorm erhöhte und den alten Markt beinah vollkommen zerstörte. Andererseits beschreibt A. Reichow die Schattenseite darin, dass er als Musiklabel-Inhaber hierdurch nur noch sehr geringe Erlöse pro gekauftem, bzw. gespieltem Musiktitel verdiene (vgl. Transkription, S. 12, Zeile 5-6).

Des Weiteren habe die digitale Vermarktung einen viel höheren Stellenwert eingenommen. Anstelle von früherer Printmedien- und Radiowerbung für Veröffentlichungen, stehen heute die sozialen Medien im Vordergrund der Vermarktung (vgl. Transkription, S. 8, Zeile 18-27). Laut Reichow geht der Wandel dahin, dass die Musikveröffentlichungen heutzutage nicht mehr das eigentlich gewinnbringende Geschäftsmodell ist, sondern mehr als Werbe-, bzw. Investitionsgeschäft für die eigene Marke als Künstler genutzt und über die Auftrittsgagen refinanziert wird (vgl. Transkription, S. 11, Zeile 8-10 & S. 13, Zeile 16-18).

Im Laufe des Interviews wurden konkrete Handlungsempfehlungen und Herangehensweisen seitens des Experten genannt, welche sich vor allem auf den Schwerpunkt der Streaming-Plattformen beziehen. So sei zwar der heutige Erlös pro Musiktitel sehr gering, weshalb A. Reichow auf der einen Seite davon abrät ein Musiklabel mit dem Ziel zu gründen, durch dessen Verkäufe Gewinne zu erwirtschaften, jedoch sollte es laut ihm vielmehr darum gehen, die erhöhte Reichweite dieser Plattformen für die eigene Marke als Künstler gewinnbringend und imagefördernd einzusetzen (vgl. Transkription, S. 11, Zeile 33 – S. 12, Zeile 17). Dahingehend rät er ebenfalls, die Vermarktung der Musik an sich anders wahrzunehmen und anzunehmen, da die soziale Medien mehr Blick für den Künstler als Person haben, als nur für dessen Musik. Die potenziellen Zielgruppen lassen sich über die Social-Media Kanäle gut erreichen und verlangen laut A. Reichow stetig Neuigkeiten, da der Markt sehr schnelllebig ist (vgl. Transkription, S. 12, Zeile 9-11). Die Art der Selbstdarstellung rutscht somit mehr in den Vordergrund, was zwar auf der einen Seite nicht das komplette Desinteresse an der eigentlichen Musik bedeuten solle, jedoch auf der anderen Seite die Vermarktung als Künstler in der heutigen digitalen Musikwelt als ebenso wichtig zu erachten ist (vgl. Transkription, S. 12, Zeile 12-18). Letztendlich so der Experte, wird sich seiner Ansicht nach „Qualität immer durchsetzen" und bezieht sich damit auf die Produktionsqualität der Musiktitel, auch wenn die Produktions- und Vermarktungskosten für diese aufgrund der digitalen Transformation in den letzten Jahren deutlich gesunken sind (vgl. Transkription, S. 18, Zeile 15-17).

Eine ähnliche Empfehlung benennt er bezugnehmend auf die Musik-Event-Branche, in welcher es ähnlich wie bei der Vermarktung als Künstler heute und auch in Zukunft vermehrt um die Vermittlung und Selbstdarstellung des Erlebnisses an sich und des Konzeptes der Veranstaltung gehe, als um den musikalischen Aspekt an sich (vgl. Transkription, S. 16, Zeile 11-13).

4. Fazit

Bezugnehmend auf die Forschungsfrage, inwiefern eine Transformation der Musikindustrie aufgrund des digitalen Wandels stattgefunden hat, ist vor allem der Wandel von der Vinyl Schallplatte als begrenzt verfügbarer und produktionskostenintensiver Tonträger hin zum Musiktitelvertrieb via Online-Plattformen und Streaming-Diensten zu nennen. Die Digitalisierung stellt hier eine disruptive Innovation dar, welche es aufgrund der Erschaffung eines Substitutionsproduktes in Form der Produktionskostensenkung und der ständigen Verfügbarkeit geschafft hat, die traditionelle Musikbranche der CD und Schallplattenläden zu zerstören und zeitgleich vollwertig zu ersetzen.

Die Digitalisierung der Musikindustrie bringt dem Kunden wertvolle Vorteile in Bezug auf Preis, zeitliche Unabhängigkeit und endlose Verfügbarkeit. Für Künstler und Label-Inhaber hingegen gilt es mit dem disruptiven Wandel in Form von Musik-Streamingdiensten wie Spotify und Amazon für knapp 10 Euro im Monat wirtschaftlich sinnvoll umzugehen. Der Anteil für Künstler und Label-Inhaber ist so gering wie noch nie, obwohl die Musikbranche im Gegensatz hierzu soviel Geld erwirtschaftet wie nie zuvor. Labels und Künstler sind daher gezwungen ihre Prozesse zu digitalisieren und müssen lernen, die digitale Medien als eigene und vollwertige Geschäftsmodelle zu nutzen. Der reine Vertrieb von Musik ist nicht länger ein ausschließlich gewinnbringendes Modell, sondern dient im Hier und Jetzt der digitalen Welt als Werbezweck, um die eigene Marke als Künstler zu bewerben und gewinnbringend zu vermarkten. Für Künstler und Label-Inhaber gilt es hierbei, die weltweite Reichweite der neuen digitalen Kanäle unternehmerisch einzusetzen.

Zwar hat die digitale Transformation viele Prozesse in der Musikindustrie optimiert, wodurch es besonders kostengünstig geworden ist Musik zu produzieren und anzubieten, jedoch wird sich auch im Zuge der digitalen Welt weiterhin die musikalische Qualität eines Musiktitels und somit die Qualität des Produktes durchsetzen.

Literaturverzeichnis

Böhmann, T., Leimeister, J. M., & Möslein, K. (2014). Service-Systems-Engineering. *Wirtschaftsinformatik, 56*(2), 83-90.

Bright, P. (2011). Microsoft Buys Skype for $8.5 Billion. Why, Exactly?. *Retrieved April, 12,* 2015.

Diekmann, A. (1995). Empirische Sozialforschung. *Grundlagen, Methoden, Anwendungen, 18.*

Dresing, T., & Pehl, T. (2012). *Praxisbuch Interview & Transkription.* Dr Dresing & Pehl GmbH.

Gartner (2014) Taming the Digital Dragon: The 2014 CIO Agenda. https://www.gartner.com/imagesrv/cio/pdf/cio_agenda_insights2014.pdf, Abruf am: 30.04.2017.

Gates, B. (2008). Banking is essential, banks are not. *Retrieved on July, 12,* 2012.

Gläser, J., & Laudel, G. (2010). *Experteninterviews und qualitative Inhaltsanalyse,* 43-45. Springer-Verlag.

Göbel, K. B. (2015). Digitalisierung als Chance und Herausforderung für mittelständische Unternehmen. In *Mittelstand-Motor und Zukunft der deutschen Wirtschaft* (pp. 529-537). Springer Fachmedien Wiesbaden.

Jahn, B., & Pfeiffer, M. (2014). Die digitale Revolution - Neue Geschäftsmodelle statt (nur) neue Kommunikation. *Marketing Review St. Gallen, 31*(1), 79-93.

Jenner, M. (2016). Is this TVIV? On Netflix, TVIII and binge-watching. *New media & society, 18*(2), 257-273.

Keese, C. (2016). Silicon Germany. Wie wir die digitale Transformation schaffen. Albrecht Knaus, München.

Keuper, F., Hamidian, K., Verwaayen, E., Kalinowski, T., & Kraijo, C. (Eds.). (2013). *Digitalisierung und Innovation: Planung-Entstehung Entwicklungsperspektiven.* Springer-Verlag.

Meuser, M., & Nagel, U. (2009). Das Experteninterview - konzeptionelle Grundlagen und methodische Anlage. *Methoden der vergleichenden Politik – und Sozialwissenschaft,* 465-479.

Mieg Harald, A., & Näf, M. (2005). Experteninterviews. *Institut für Mensch-Umwelt-Systeme (HES), ETH Zürich.*

Porter, M. E. (2008). The five competitive forces that shape strategy. *Harvard business review, 86*(1), 25-40.

Tiberius, V., & Rasche, C. (2017). Disruptive Geschäftsmodelle von FinTechs: Grundlagen, Trends und Strategieüberlegungen. In *FinTechs* (pp. 1-25). Springer Fachmedien Wiesbaden.

BEI GRIN MACHT SICH IHR WISSEN BEZAHLT

- Wir veröffentlichen Ihre Hausarbeit,
  Bachelor- und Masterarbeit

- Ihr eigenes eBook und Buch -
  weltweit in allen wichtigen Shops

- Verdienen Sie an jedem Verkauf

Jetzt bei www.GRIN.com hochladen
und kostenlos publizieren

Lightning Source UK Ltd.
Milton Keynes UK
UKHW011837200619

344781UK00001B/9/P